AF229310

RÉPONSE

D'UN PETIT PROPRIÉTAIRE

A M.GR. L'ARCHEVÊQUE DE PARIS,

Sur son Opinion

PRONONCÉE LE 31 MAI, A LA CHAMBRE DES PAIRS,

Au sujet du Projet de Loi relatif à la Réduction des Rentes,
avec faculté de Remboursement à 5 pour o/o,

Par M. De Salex.

Nec beneficio nec injuriâ mihi cognitus.

PRIX : 1 FR. 50 C.

PARIS,

Se trouve chez l'AUTEUR, rue Thévenot, N°. 13 ;
Chez PILLET aîné, Libraire, rue Christine, N°. 5 ;
Et chez les Marchands de Nouveautés.

1824.

IMPRIMERIE DE J.-S. CORDIER FILS, RUE THÉVENOT, N°. 8.

RÉPONSE

D'UN PETIT PROPRIÉTAIRE

A MGR. L'ARCHEVÊQUE DE PARIS.

Monseigneur,

Lorsque la voix publique m'eut appris que les mé-contens avaient obtenu dans la Chambre des Pairs une victoire complette sur le Ministère, et que cette victoire était attribuée principalement à l'influence de votre caractère et de vos démarches, à l'éloquence avec laquelle vous y aviez défendu les intérêts des rentiers, je refusai d'y croire; je voulus connaître votre opinion : après l'avoir lue avec l'attention qu'elle mérite, je fus convaincu que vous n'aviez abordé le projet de loi ni dans son ensemble ni dans ses élémens, tentative dont vous n'aviez pas même conçu la pensée, puisque avec la modestie qui vous distingue, vous avez avoué qu'elle était au-dessus de vos connaissances en cette matière.

Je compris bientôt le motif secret des Frondeurs en affectant de faire de vous leur Coryphée, et en vous rendant l'objet d'une admiration éphémère; je compris que les éloges qu'ils vous prodiguaient, si *libéralement,* étaient plus intéressés que sincères et moins honorables que corrupteurs.

Je n'ajoutai pas plus de foi à ces prétendues démarches que vous auriez faites auprès de quelques uns de vos collègues, dans la vue de les influencer; cette conduite, qui décélerait une opposition systématique contre le gouvernement, et qui ferait supposer une raison aveuglée par l'ambition, ou égarée par un ressentiment quelconque, vous est étrangère. Aussi ne l'ai je considérée que comme une calomnie de vos nouveaux apologistes.

Quant à l'influence de votre caractère, c'est autre chose, je crois qu'elle a été puissante : je crois que le ton mesuré de votre discours, l'accent avec lequel vous l'avez prononcé, que la candeur de vos aveux et l'apparition soudaine à la Tribune d'un jeune Prélat, environné du cortège de ses vertus pastorales et privées, ont dû causer une sensation générale dans la Chambre. J'y étais présent par la pensée; je vous ai vu et entendu; j'ai été le témoin de la faveur avec laquelle vous avez été écouté, et du succès éclatant que vous avez obtenu. Cela devait être; *les objets extérieurs* agissent avec tant de puissance sur les hommes réunis. Leur éloquence est telle qu'ils imposent silence à la foule et qu'ils entraînent son suffrage avant même que l'orateur ait parlé; vous avez, Monseigneur, reproduit en réalité cette belle image où du sein d'une multitude agitée Virgile fait sortir tout à coup un homme de bien, qui, par sa présence, calme l'agitation avant même que sa voix ait pu se faire entendre : mais il ne suffit pas de causer une vive impression sur les sens, il ne suffit pas comme Démosthène de montrer du haut de la tribune du Pnyx aux Athéniens, le Pirée et la mer, théâtre de leur puissance, il faut, par la force et la justesse des pensées, par la vigueur du raisonnement, pouvoir leur persuader que Philippe est leur plus dangereux ennemi.

Voyons donc, Monseigneur, puisque vous avez produit un si grand effet sur vos auditeurs, si vous vous êtes réglé sur ces principes.

Il s'agissait d'un projet de Loi d'un intérêt supérieur, conçu dans le louable dessein de réduire d'un 5me. la dette publique, en laissant aux rentiers la faculté de demander leur remboursement *au taux de 5 pour 0/0.*

Jamais projet de Loi plus utile n'avait peut-être été proposé aux Chambres par Sa Majesté : puisque indépendamment de l'économie de 28 millions de rente qui devait en résulter, ce projet tendait, d'après la parole Royale, *à cicatriser les dernières plaies de la Révolution.*

Des vues aussi nobles, aussi touchantes ont du intéresser votre cœur et le disposer à y concourir. Quelle heureuse position était la vôtre ! déjà le projet de Loi, objet de toutes les conversations, avait été discuté dans les journaux : des Ministres éclairés avaient dissipé les nuages dont les passions avaient essayé de l'obscurcir ; des talens du premier ordre étaient venu grossir ce faisceau lumineux de toutes les clartés de leur intelligence et de leur imposante moralité; enfin, une majorité de Députés, probe, juste et monarchique, telle que vous la désirez, lui avait imprimé le sceau de son approbation : voilà de quoi produire si non un vote de conviction, du moins celui de confiance; toutes les lumières ont dû pénétrer au fond de votre cœur; enfin, vous êtes juge en dernier ressort ; et cependant vous tergiversez, vous flottez dans une indécision qu'on n'ose définir; vous craignez de vous prononcer, vous n'attaquez point le fond du projet que vous supposez être au-dessus de vos conceptions politiques et financières; vous vous faites une série de questions qui ne sont qu'un résumé surabondant. des débats sur le fond de la matière : votre embarras redouble; vous appellez à vous des conseils pour vous aider à sortir de cette pénible anxiété; mais ces oracles restent muets et redoublent votre supplice. Pour le faire cesser, vous montez à la Tribune, sans faire attention que si l'on parle en public, c'est pour éclairer les autres; vous parlez avec l'onction qui vous est familière; vos nobles collègues vous écoutent avec une bienveillance dont vos qualités personelles vous rendent si digne; les Financiers, les hommes d'État surtout, attendent de votre excellent esprit et de votre nouveau caractère des raisonnemens solides, lumineux pour ou contre la proposition Royale, et au lieu d'une harangue instructive, vous prononcez une homélie, vous oubliez que vous êtes Pair de France, pour vous souvenir que vous êtes Archevêque ! !

Si c'est là de la théologie soit, mais j'ai peine à

croire que ce soit une théologie qui puisse, quoique vous en disiez, convenir au ministère.

Je n'ai pas l'honneur d'être petit rentier : ma position est plus affligeante ; je ne suis que *petit propriétaire*, mais je n'en suis pas moins digne de votre paternelle sollicitude. Le court exposé que je vais mettre sous vos yeux vous en convaincra bientôt.

'A mon arrivée à Paris en 1802 je fis l'acquisition pour le prix de 33,000 fr. d'une petite propriété à quelques lieues de la capitale, produisant un revenu de 1,250 fr. Je plaçai, comme on voit, mon capital au taux modéré de 3 pour % ; ce placement n'était pas avantageux, mais ce titre de *propriétaire* a toujours séduit, *comme chacun sait*, les provinciaux. Je n'avais pas songé qu'il me faudrait payer ma cotte de contributions, ce qui, par parenthèse, est un peu *féodal ;* quoiqu'il en soit, le percepteur de ma commune remédia bientôt à cet oubli, et me demanda, avec une persévérance qui s'est reproduite annuellement, une somme de 250 fr., ce qui réduisit mon petit revenu à 1000 fr., sur laquelle il me fallut payer les frais d'entretien de mes bâtimens.

A cette même époque, un de mes voisins qui, comme parisien, avait appris l'art si utile de bien placer ses fonds, avait acquis pour la même somme de 33,000 fr. au taux de 40 pour %, une inscription sur le grand-livre du produit de...... 4,125 fr.

Or, mon voisin qui avait en horreur tout ce qui avait même l'apparence de la féodalité, n'avait garde d'oublier qu'il ne serait soumis à aucune contribution; aussi n'eut-il rien à démêler à ce sujet avec monsieur le percepteur.

Après vingt ans nous sommes, mon voisin et moi, dans la même situation ; c'est-à-dire que mon capital m'a produit dans cet intervalle 25,000 fr. sur lesquels j'ai payé à l'état 5,000 et que mon voisin a, pour une somme identique, joui de 82,500 fr. ainsi il a eu comparativement à moi, en sus du produit de mon petit domaine, dans le même période de temps. 62,500 fr.

Admettons maintenant que ce rentier n'ait pas plus dépensé que moi, il aura dans cette hypothèse, avec cette somme, pu acquérir une seconde inscription qui, au taux de 65 pour %, moyenne proportionnelle entre 40 et 90 pour %, terme auquel la rente s'est successivement élevée, lui aura produit une rente bien consolidée de 4,805 fr.

Ainsi ce rentier sera devenu, après vingt ans, possesseur de deux parties de rente,

L'une de .... 4,825 ⎱
L'autre de... 4,805 ⎰ .... 8,930 fr.

Total 8,930 fr. qui, si le projet de Loi eut été adopté, eut produit en sa faveur un capital à 5 pour % de.............178,600 fr.

Tandis que moi, propriétaire, en vendant mon petit domaine, je me trouverais fort heureux d'en retirer ce qu'il m'a coûté en 1802, à cause du dépérissement qu'ont éprouvé mes bâtimens dans une révolution de vingt années.

Ainsi il est constant que mon voisin, s'il eut été remboursé d'après le projet de Loi, serait rentré dans son capital primitif, et que, sans avoir été soumis pendant vingt ans à aucune charge ni impôt, il aurait profité d'une somme de.........145,600 fr.

Voilà donc, Monseigneur, cette classe si digne de votre intérêt, classe qui ne se recommande sous aucun rapport politique, que je définis, moi, un *monachisme* séculier, un corps absorbant par essence et inutile, pour ainsi dire, à la société : si on vous l'a montrée sous un jour plus favorable, on a trompé votre religion ; pour entraîner votre esprit, il fallait commencer par intéresser votre cœur; c'est la marche constante de la déception.

Mais, direz-vous, je n'ai défendu que la cause du rentier, propriétaire d'une inscription de 1000 fr. et au-dessous, c'est lui seul et non votre voisin que j'ai admis comme pauvre au nombre de mes enfans.

Je n'examinerai pas si cette exception est dans l'ordre de la justice; vous allez être bientôt convaincu du contraire; j'examinerai si elle est conforme à la saine raison, et s'il est *expédient* qu'un rentier de mille francs conserve son cinquième, c'est-à-dire

200 fr. sur sa rente, lorsque vous en privez le propriétaire d'une inscription du produit, par exemple, de 1,050 fr., parce qu'il a le malheur de jouir de 50 fr. de plus.

D'après votre système, l'inscription de 1,000 fr. serait restée intacte, tandis que celle de 1,050 fr. eut été soumise au retranchement du cinquième, c'est-à-dire de 210 fr. et réduite à 840 fr. seulement. Par suite donc de cette étrange combinaison, il se serait opéré entre ces deux rentiers une révolution en sens inverse de leur position relative, en telle sorte que le plus riche aurait eu moins et que le moins riche aurait eu plus. Je doute que cette conception soit d'un homme d'état ? et si l'évêque de Luçon eut raisonné ainsi, je doute encore qu'il fut devenu cardinal et ministre.

Mais voyons ce qui serait arrivé à l'acquéreur en 1802 d'une rente de 1000 fr.

Cette rente, au même taux de 40 pour %, lui eut coûté 8,000 fr., et après en avoir joui pendant vingt ans, l'État sur le refus de la convertir au taux de 4 pour % lui eut remboursé 20,000 fr. Ainsi ce petit rentier, nonobstant cette conversion qui a excité de si vives doléances, trouvait sa position améliorée de 150 pour cent : cette inconcevable amélioration, bien loin d'être pour moi et pour ceux de ma classe un objet de jalousie, nous eut causé une véritable satisfaction, par cette raison toute simple que la réduction de l'intérêt des rentes sur l'État aurait amené une *hausse* dans la valeur commerciale des propriétés foncières; cette hausse, en la supposant au taux probable de 2 pour % de leur produit, m'aurait enfin assuré un bénéfice de dix-sept mille fr. plus ou moins.

Ainsi, en supposant toujours l'adoption du projet de Loi, le rentier eut gagné de son côté comme moi du mien; tout le monde eut été content; je me trompe; les ennemis du bien public eussent été dans la consternation; mais ils eussent dévoré leur douleur en silence, comme ils ont fait après la guerre d'Espagne, dont ils annonçaient sur le ton prophétique de Cassandre les suites calamiteuses.

Il est donc arithmétiquement prouvé, d'après les deux tableaux que j'ai mis sous vos yeux, que les rentiers, dans quelque catégorie qu'on les place, n'auraient souffert aucun préjudice, si ce n'est d'être soumis à la conversion dont il vient d'être parlé, et de laquelle ils auraient eu la faculté de s'affranchir, en optant pour le remboursement.

Où est donc, je le demande, non à un prélat aussi éclairé que vous, mais à l'homme d'un sens droit et impartial, où est l'injustice de la proposition? est-elle dans le remboursement; mais Son Ex. M. de Villèle et M. Roy, son contradicteur, ont reconnu et prouvé sa légalité. L'iniquité de la mesure ne pouvait être dans ce remboursement, puisqu'il n'y a aucune convention entre le rentier et l'État pour obliger celui-ci au service indéfini de la rente, surtout en payant cette rente à 5 pour %, lorsqu'il peut emprunter à 4. Y en eut-il une, elle

devrait être résiliée comme *usuraire*. Eh qui pour-
rait légitimer un traité aussi vicieux? quel casuiste
oserait le défendre ? certes, ce n'est pas vous, Monseigneur. C'est une vérité incontestée que l'État
est réputé mineur par les lois, et que toute stipu-
lation où il est lésé peut et doit être rescindée. Eh
quelle usure, pour ne parler que de celle que vous
honorez de votre protection, quelle usure que celle
de mille francs de rente *perpétuelle*, constituée au
capital de 8,000 fr.

. Je sais que pour atténuer, s'il est possible, l'objection, on a avancé que le contrat étant *aléatoire*,
est purgé du vice qu'on lui reproche. Un tel contrat
aléatoire! lorsque la rente, parvenue progressivement
du taux de 3o à 8o pour % offrait chaque jour au
spéculateur une chance de bénéfice assuré et dé-
truisait toute possibilité d'une marche rétrograde
vers celui où l'avait honteusement fixé le gouvernement des novateurs idéologues!

On a ajouté avec aussi peu de bonne foi que le
service indéfini de la rente était consacré par la loi
organique du grand-livre de la dette publique et
par l'expression ; *cinq pour cent consolidés*, comme
si on pouvait ignorer que ce mot consolidé n'a été
employé que par opposition à celui *mobilisé*, son
corrélatif. Il suffit de savoir que la mobilisation, qui
était un fantôme de remboursement, s'opérait en
payant les 2/3 de la rente en papier valeur nomi-
nale, tandis que le tiers, restant inscrit sur le grand-
livre, donnait au créancier le droit d'être payé en

valeur réelle, ou comme on disait alors, à raison de
30 capitaux pour un.

On insiste en disant qu'au moins on devait faire
une exception envers cette classe de rentiers qui,
ayant déjà été frappée d'une réduction aussi exor-
bitante, ne peut, sans une extrême injustice, souffrir
un nouveau retranchement.

Je plains autant qu'un autre, les rentiers de cette
catégorie; mais on abuse des mots en parlant sans
cesse d'une réduction *forcée*, lorsqu'elle n'est que
facultative et subordonnée au choix du rentier.
Sans doute le cumul d'une réduction avec une autre
réduction serait un injustice, mais puisque le rentier peut demander son remboursement, l'objection
tombe. Veut-on insinuer qu'avant l'opération proposée, on eut dû réintégrer ces malheureux rentiers
dans la plénitude des droits dont ils furent dé-
pouillés en 1798 ? c'est ce qu'on n'ose déclarer d'une
manière explicite et qu'on voudrait néanmoins persuader aux esprits confians. Ce n'est pas à vous,
Monseigneur, qu'on fera adopter des idées aussi dé-
raisonnables.

Vous savez que cette mobilisation, un de leurs
prétextes d'hostilité, n'est point l'ouvrage du Gouvernement et qu'elle ne peut lui être reprochée, mais
bien à une partie de ceux qui se montrent aujour-
d'hui si difficiles, parce qu'ils espérent encore produire de funestes illusions à l'aide d'une sensibilité
factice et d'hypocrites clameurs. Ont-ils, ces hommes si chatouilleux sur le droit de propriété, ont-

ils en 1798, pris la défense des rentiers qu'on dé-
pouillait des 2⅓ de leur fortune? comment l'eussent-
ils fait, ils en furent eux-mêmes les spoliateurs! S'ils
le désavouent, qu'ils produisent l'écrit où fut con-
signé leur éloquente protestation, ou bien la discussion qui atteste leur vertueuse résistance; et
voilà ceux qui, hors de l'enceinte des Chambres, ont
été les adversaires les plus animés du projet de Loi,
et qui sont près de tomber en convulsions à l'idée
d'une réduction!

. Répétera-t-on que le remboursement forcé était
un moyen inutile, et qu'il était plus expédiant que
l'État en opérant sur lui-même, au moyen de la caisse
d'amortissement, arrivât au même but sans secousse
et sans déchirement.

Cette objection est insidieuse, et partant d'un
homme qui a quelque réputation en finance, elle
devrait étonner, si on pouvait supposer qu'elle ait
été faite de bonne foi.

La réponse est facile; la dotation de la caisse d'a-
mortissement est circonscrite, et pour opérer d'une
manière large et qui put être en harmonie avec le
vaste plan du projet de Loi, il faudrait que cette
dotation fut augmentée dans une proportion relative,
ce qui est impossible; c'est pour cette raison que le
Ministère s'était appuyé du crédit des premières mai-
sons de banque de l'Europe.

On comprendra encore mieux, si je ne me trompe,
l'impuissance de la caisse d'amortissement, lorsqu'on
aura une juste idée de son mécanisme; créée pour

empêcher, si l'on peut parler ainsi, *le trop plein* des rentes, elle est à leur masse ce qu'est le déversoir dans un vaste bassin. Aussi la caisse d'amortissement, bornée par sa nature à des opérations partielles et intermittentes, attend pour s'y livrer l'opportunité du moment ; si la matière des rentes augmente par l'effet d'une cause quelconque et qu'il en résulte une baisse sensible, la caisse d'amortissement en profite, elle ouvre son déversoir ; mais à la différence du liquide contenu dans le bassin, qui baisse en raison directe de la masse qui en est extraite, le cours de la rente hausse en raison du nombre des achats de la caisse et de la quantité des rentes amorties.

Cette réaction en sens inverse oblige alors la caisse d'amortissement de s'arrêter et d'ajourner ses opérations : que si elle s'obstinait à les continuer, la hausse croissant de plus en plus, rendrait ses efforts infructueux. Dans cette lutte impuissante, elle nous offrirait l'image d'un Pygmée qui entreprendrait de franchir une montagne dont le sommet s'élèverait à chaque pas qu'il ferait pour en approcher.

Et c'est dans cet état de choses que cet orateur proposait l'intervention de la caisse d'amortissement pour l'exécution d'une des plus vastes opérations de finance qui ait été conçue! opération qui fera, quelle qu'en ait été l'issue, la gloire de celui qui l'a proposée et honorera son patriotisme et son courage.

Il se peut que dans la nouvelle carrière où je me vois jetté malgré moi, ma marche mal assurée et chancellante me fasse faire quelques faux pas, mais c'est pardonnable à un petit propriétaire, étranger aux opérations de la Banque, et qui n'a lu ni *Adam Smith*, ni *Pinto* ni aucun écrivain de ce genre.

Tout est fatalité Monseigneur, dans l'ordre des choses humaines; un Ministre Anglais tente la même opération et son succès l'immortalise. Il y avait néanmoins dans le Parlement de sa nation comme dans le notre des *Whigs* et des *Torys*. Mais l'intérêt général fit disparaître les dissentimens. Heureusement *Pitt* n'eut point à combattre la piété modeste et les vertueuses angoisses de l'indécision; l'Archevêque de Cantorbury ne fut point dans une question de cette importance l'adversaire d'un aussi grand Ministre; il ne fit même contre le Bill aucun amendement; ce n'est pas qu'un amendement ne soit très-légitime, mais il craignit peut-être que son caractère d'Archevêque et de Primat ne donnât trop de consistance à son opinion, et que le parti contraire au Ministre ne s'en prévalut; j'ignore les noms de ceux qui votèrent contre, je ne suis point assez instruit des Ephémérides parlementaires; j'ai seulement ouï dire que l'un des membres les plus influens du parti de l'opposition répondit à ceux qui lui reprochaient d'avoir parlé en faveur du projet de Loi: *Inimicus Pitt sed magis amica patria.*

Les réflexions auxquelles je me suis laissé entraîner, Monseigneur, vous concernent moins que ceux qui ont combattu le projet de Loi; je ne perds pas de vue que vous n'avez proposé qu'un amendement et que vous vous seriez même contenté d'un ajournement jusqu'à la session prochaine; votre cri *audie-mus te de hoc iterum* a été entendu; et c'est ce qui a induit le public à penser que votre opinion avait été la prépondérante; ces réflexions, que j'ai puisées dans les *entrailles de la chose*, n'auront peut-être pas encore dissipé les nuages dont votre intelligence a été dites-vous, environnée pendant la discussion; pour en sortir vous avez cherché des *appuis étrangers*, et vous les avez trouvés dans votre cœur. Je ne suis plus étonné que vous y ayez aussi trouvé un trésor de bienfaisance et de charité. Une fois persuadé que les petits rentiers étaient dignes de votre compassion, vous les avez pris sous vos ailes paternelles. Ce motif est louable, et même apostolique; votre tendre piété a allumé votre imagination et de là tout le reste. Ce n'est point le désir d'une vaine popularité qui vous a poussé à la Tribune, et votre bouche ne l'aurait point publié que l'on vous eut cru incapable de céder à un motif aussi profane; vous n'avez pu être coupable parce que vos intentions étaient pures, et nul ne peut mieux que vous, Monseigneur, s'appliquer le vers célèbre d'Hypolite à son père; et si vous l'êtes ce n'est que comme *Fénélon* l'a été.

Comme vous, il fut l'ami tendre de la religion et des pauvres; son cœur à la vérité égara quelque fois son esprit: Cet égarement lui attira la disgrâce des cours de France et de Rome, et le mit en opposition avec le grand Bossuet: Cette lutte entre ces hommes célèbres, les plus grands, peut-être, entre ceux qui ont illustré le siècle de Louis XIV, en ajoutant à la gloire de l'aigle de Meaux, ne diminua rien de cell · du cygne de Cambray; tant les erreurs d'un cœur pieux et tendre, sont dignes de trouver grâce au tribunal des hommes, comme aux pieds de l'éternel ! ce sont ces erreurs qui le jettèrent dans le *quiétisme* et la *mysticité*, qui l'égarèrent quelques instans sur la route de l'amour de dieu qu'il était si digne d'apprécier; cette erreur lui fit faire une chûte dont il se releva plus grand qu'il ne l'avait jamais été. Heureuse chûte qui efface l'éclat des plus beaux triomphes ! et c'est son humilité chrétienne qui fit alors sa plus grande gloire : trompé par ses sentimens, il les désavoua devant ses diocésains. La chaire de Cambray est encore aujourd'hui un monument historique de tout ce que la fragile humanité peut offrir de sublime, lorsque luttant contre l'orgueil, elle parvient à en triompher. Il n'y a que les vrais chrétiens, les Fénélon et vous, Monseigneur, qui puissiez nous en fournir l'exemple.

Il faut avouer cependant qu'il aurait évité ces malheurs, si, docile aux conseils de la marquise de Fénélon, sa tante, il eut imité *pendant plusieurs années le silence de Jésus-Christ!!* comme cet immortel prélat, avec qui la nature vous a donné une si rare conformité, vous avez le bonheur de posséder une mère aussi éclairée que prudente : si vous l'eussiez consultée, nul doute qu'elle vous aurait dit :

Mon fils, vous êtes dans le doute sur l'opportunité du projet de Loi, vous n'êtes pas bien assuré de

son efficacité, ses dispositions ne sont point en rapport avec l'étendue de vos connaissances en cette
matière, vous ne pouvez éclairer vos nobles collègues, dispensez-vous donc de monter à la tribune;
Gardez le silence! Que si vous devez cependant vous
prononcer, ainsi que vous y oblige votre dignité de
pair, comme sujet ou comme prélat, que pouvez-
vous trouver de plus propre à rassurer votre cœur,
et à dissiper les anxiétés de votre esprit, que la
parole royale, que l'assurance donnée par ses
ministres de l'économie qui doit en résulter pour
les contribuables : cette garantie doit suffire à la
conscience la plus timorée, et dissiper le vague
vers lequel votre esprit est entraîné ; vous êtes Archevêque, vous êtes le père des pauvres, mais ce
n'est point de vos fonctions épiscopales dont il s'agit.
Les pauvres n'ont aucun intérêt à la question agitée;
soyez homme d'état, élevez vos pensées à la hau-
teur de vos fonctions : les rentiers au – dessous de
1000 fr. sont à l'unisson des propriétaires d'un
égal revenu. Vous craignez que les aumônes ne di-
minuent en raison de la diminution de la rente :
vaine terreur ! la providence y suppléra : le Roi et
les Princes de sa maison ont-ils cessé de répandre
leurs augustes bienfaits ! Songez, mon fils, que la
bienfaisance est indépendante des calculs de l'intérêt; la veuve, nous dit l'évangile, apporta son
denier, et elle était dans la détresse, tandis que le
riche enviait à l'indigent les plus faibles débris de
sa table luxueuse: Ces deux exemples vous prouvent

que les largesses ne sont pas toujours en harmonie avec les moyens; si les rentiers refusaient d'alimenter l'infortune, croyez-vous que les propriétaires fussent insensibles à ses besoins; ignorez-vous que ces propriétaires fournissent constamment aux frais du culte, qu'ils supportent en grande partie le poids des charges publiques; que si vous devez à vos vertus, l'éclat personnel qui vous environne, vous devez à ces mêmes propriétaires l'aisance et la splendeur dont vous jouissez. Les rentiers, mon fils, n'y contribuent nullement; *Imitez le silence de Jésus-Christ!* songez au danger des conjonctures, songez surtout que les ennemis de l'état vous observent et qu'ils sont disposés à profiter de l'expression la plus innocente pour s'en prévaloir, s'ils la jugent favorable à leur système d'agitation : on vous préconisera, on exaltera votre caractère qu'on osait la veille déprimer, et vous ne recueillerez peut-être de vos efforts que l'insupportable confusion d'être loué par des hommes indignes de votre estime. Je vous le répète, mon fils, gardez le silence!

FIN.